Mi Primer Libro de Búhos

Carrie Casey

Copyright © 2021 by Carrie Casey
My First Owl Book: A Rhyming Animal Book for Young Children
Published by CEY Press
821 Grand Ave, Suite 119
Pflugerville, TX 78660

All rights reserved. No part of this publication may be reproduced, distributed, or transmitted in any form or by any means, including photocopying, recording, or other electronic or mechanical methods, without the prior written permission of the publisher.

ISBN: 978-1-954885-06-6

LOS BÚHOS VUELAN DE NOCHE.

ELLOS VUELAN POR EL CIELO.

LES GUSTA ESCONDERSE.

ALGUNOS SE ESCONDEN EN EL INTERIOR.

ALGUNOS SE ESCONDEN EN EL EXTERIOR.

ALGUNOS SE ESCONDEN EN LA NIEVE.

ALGUNAS SE ENCUENTRAN SOBRE LA TIERRA.

ESTOS TRES ESTÁN EN UN ÁRBOL.

ESTOS TRES ELIGIERON UN POSTE.

ESTE ESTÁ POSADO EN UNA IGLESIA.

PERO A LOS BÚHOS LO QUE MÁS LES GUSTA ES UN NIDO.

EN UN ÁRBOL,
EN LA TIERRA
O EN EL AIRE,
¡LOS BÚHOS
SON
MAGNÍFICOS!

¡Muchas gracias por comprar este eBook! Nos divertimos mucho creando este libro para que lo disfrutes. Confiamos en que te divertirás tanto leyéndolo como nosotros creándolo.

Si te gusta esta historia, te agradeceríamos mucho que nos ayudaras tomándonos unos minutos y dejándonos una reseña en Amazon. ¡Muchas gracias!

Como BONIFICACIÓN GRATUITA por la compra de este libro electrónico, por tiempo limitado, nos gustaría regalarle un paquete de actividades de búhos para que usted y sus seres queridos agreguen su propio color y creatividad. Solo ve a https://carrieecasey.clickfunnels.com/owl-book para conseguir sus actividades.

Tus amigas,
Carrie and Joanna Casey

www.ingramcontent.com/pod-product-compliance
Lightning Source LLC
Chambersburg PA
CBHW042128040426
42450CB00002B/114